강남일 포토 에세이

꽃에게
길을 묻다

강남일

1983년 3월부터 2020년 2월까지 교직생활.
2020년 2월 제주대학교사범대학부설중학교 교장으로 정년퇴임.

강남일 포토 에세이

꽃에게 길을 묻다

2020년 1월 23일 초판 1쇄 발행

지은이   강남일
펴낸이   김영훈
편집   김지희
디자인   사이시옷, 부건영
펴낸곳   한그루
         출판등록 제6510000251002008000003호.
         제주특별자치도 제주시 복지로1길 21
         전화 064 723 7580 전송 064 753 7580
         전자우편 onetreebook@daum.net 누리방 onetreebook.com

ISBN 979-11-90482-10-3 03810

© 강남일, 2020

값 15,000원

강남일 포토 에세이

꽃에게

길을 묻다

한그루

책을 내면서 **나의 꽃,
나의 노래**

처음으로 하늘을 만나는 어린 새처럼

처음으로 땅을 밟고 일어서는 새싹처럼

우리는 하루가 저무는 저녁 무렵에도

아침처럼 새봄처럼 처음처럼

다시 새 날을 시작하고 있다.

- 신영복 〈처음처럼〉

걸었다. 온갖 길을 걸었다. 봄이 왔다가 지나고, 겨울도 그렇게 오고 갔다. 20여년이 흘렀다. 걷기는 이제 나의 일상이 되었다. 40대 초반, 건강을 위해 시작한 나의 걷기는 60대 초반이 된 지금까지도 계속된다. 뒷동네나 다름없는 한라수목원을 걸으면서 걷기의 매력에 빠진 뒤 오름과 산을 찾아 제주도의 곳곳을 다녔고, 육지로, 외국으로 산을 찾아 나섰다.

지인들과 함께 20여년 전 한라산을 오르며 만난 등산로 주변의 들꽃은 나에게 경이로움을 안겨줬다. 아무도 알아주지 않는 한라산 기슭에 피어난 들꽃은 바람이 부는대로 흔들렸지만, 꺾이지 않았다. 그 자리에 그대로 선 채 지나가는 이들에게 청량함을 선사하고 있었다. 지인에게 들꽃의 이름을 물었고, 그 뒤부터 점점 꽃의 매력에 빠져들었다. 꽃이 눈에 들어오면서 꽃의 이름과 유래를 익히기 시작하였다. 꽃 사진을 찍기 시작한 것은 이 때부터였다. 카메라에 담아온 꽃을 책과 인터넷을 통해 찾아 꽃말과 생육에 관한 글을 찾아 알아가는 과정은 흥미로웠고, 감동적이기까지 하였다.

꽃의 노래

주말이나 쉬는 날이면 오름과 한라산을 찾았다. 계절마다 피어나는 꽃을 마주하는 일은 설렘이 묻어나는 일이다. 들녘에 피어난 꽃과 꽃의 이름을 알아가는 재미는 쏠쏠하였다. 매화처럼 이미 들었던 꽃은 물론 타래난초, 시계꽃, 자주괴불주머니, 한라부추, 물매화, 꽃향유, 상사화, 모시대, 각시원추리, 구름패랭이처럼 생소한 꽃을 알게 되고, 꽃의 이름을 기억하면서 꽃의 노래가 시작되었다.

나는 꽃을 전문적으로 연구한 식물학자나 원예학자가 아니다. 그렇다고 사진을 전문적으로 공부한 사진작가도 아니다. 꽃을 좋아하고, 사진을 좋아할 뿐이다. 아무도 알아주지 않는 곳에서, 찰나의 순간을 위해 비바람 속에 1년을 기다려 자신의 존재를 보여주는 꽃들을 만나는 일은 경이롭다. 꽃과의 교감을 통해 소통과 배려, 인내를 알게 되었다. 참꽃을 위해 자신은 열매도 맺지 못하고 뒤집어 고개를 떨군 채 생을 마감하는 산수국의 '헛꽃'에서 역설적으로 이 세상 어느 것 하나 헛된 것은 없다는 평범한 진리를 깨닫는다. 가을의 들녘에 낮게 고개를 내민 채 미풍에 온 몸을 떨며 자신을 드러내는 보석 '쑥부쟁이'가 겨울의 추위를 견디는 것을 보며 자연의 숭고함을 느끼기도 한다.

산의 노래

영실로 가는 길은 언제나 즐겁다. 나뭇가지 사이로 웅장한 병풍바위가 보이고, 영실기암 능선 너머로 반짝이는 오색구름을 보면 왜 산에 오는지를 알게 된다. 한라산은 사계절 내내 아름답다. 싱그러운 신록의 한라산, 온통 붉게 물든 한라산도 좋지만, 온 산이 하얗게 변한 겨울 한라산을 찾고 나면 마음 속 깊은 곳에 여운이 오래 남는다. 그것은 겨울산행의 준비물이 많아 배낭이 무거운 것도 이유이겠지만, 혹독한 추위만큼이나 힘든 고행을 감수하고 산길을 걷기에 아름다운 설국을 마음에 더 품을 수 있기 때문이다. 짙푸른 하늘에 순백의 눈으로 뒤덮인 한라산은 나의 모성을 자극한다.

길의 노래

꽃과 산의 노래는 길의 노래가 되었다. 새로운 길만 있는 것이 아니다. 다시 시작하면 그것이 새로운 길이다. 어제 걸었던 길도 오늘 새로운 마음으로 걸으면 새로운 길이 된다. 저마다 나름의 길이 있다. 누군가에는 평평한 길이기도 하지만 어떤 이에게는 울퉁불퉁한 길일 수도 있다. 오르막 길도 있고 내리막 길도 있다. 각자가 걸어온 길 위에서 다시 저마다 길을 떠난다. 지리산과 덕유산에서 만난 이들도, 몽골의 초원과 안나푸르나의 거친 산길에서 만난 이들도 저마다 삶의 길을 걸어간다. 나에게는 매일이 새로운 날이고, 새로운 길이다.

나의 노래

화려한 온실 속 꽃도 있지만, 거치른 들판에 소박한 모습으로 서 있는 들꽃도 있다. 우리는 화려하지도 완벽하지도 않지만 저마다 매력을 지닌 존재들이다. 바람에 흔들리지 않으면 식물은 뿌리를 내리지 않는다. 바람에 시달리지 않으면 생명은 땅에 깊이 뿌리박을 수 없다. 바람에 흔들리면서 더 깊이, 더 단단하게 생명의 뿌리가 대지에 내린다. 모범생도 기억에 남고, 말썽꾸러기도 기억에 남는다. 모두 다 나에게는 소중한 아이들이자 꽃이다. 우리 아이들에게 시인 나태주의 시를 전하고 싶다. "기 죽지 말고 살아봐/ 꽃피워 봐/ 참 좋아."

36년 교직생활의 경험을 누군가와 나누고 싶었다. 꽃의 길이 끝나는 곳에 오름이 있었고, 오름의 길이 끝나면 산으로 이어진다. 그동안 길을 걸으면서 불렀던 나의 노래를 한 묶음 책으로 펴냈다.

　　부끄럽다. 꽃의 이름이 정확하지 않을 수도 있고, 사진이 그저 그럴 수도 있음을 잘 안다. 그렇지만 꽃과 산, 길을 통해 학교 현장에서 매일 만나는 동료들은 물론 우리 아이들과 소통하려고 하였다. 이 책은 그러한 흔적들을 한 데 모은 것이다.

　　책이 나오기까지 격려와 조언을 아끼지 않은 사랑하는 아내와 가끔 사진을 보고 평가해 준 두 아들 중석, 중혁에게 사랑과 고마움을 전한다. 꽃과 산을 알게 해주고 함께 산행에 나서준 벗들에게도 감사의 말을 전한다.

2020. 1.
겨울 한라산을 오르며
강남일

1부

———

꽃의
노래

산수국 헛꽃

초여름 숲에서 만나면 환하게 반기는 꽃.
눈높이에서 편안하게 마주 볼 수 있는 꽃, 산수국.
보잘 것 없는 '참 꽃'을 위해 화려하게 '헛 꽃'을 피워 벌과 나비를 유인한다.
자신은 열매도 못맺고 뒤집어 고개를 떨구고 생을 마감하는 산수국의 헛꽃.
어머니 얼굴이 겹쳐 지나가는 산수국의 애잔한 삶이다.

산수국 헛꽃

민들레

소리 없는 성장, 꾸준함을 인지하는 순간의 감동.

스스로 사랑이 되어
한없이 봄길을 걸어가는 사람이 있다.

- 정호승 〈봄길〉

참나리

우리에게 필요한 점 하나! 띄어쓰기 한 번!

홋카이도 도야호수

오늘도 당신의 밤하늘을 위해
나의 작은 등불을 끄겠습니다.

오늘도 당신의 별들을 위해
나의 작은 촛불을 끄겠습니다.

　　　　　　　- 정호승 〈당신에게〉

매화

자목련

처음으로 하늘을 만나는 어린 새처럼
처음으로 땅을 밟고 일어서는 새싹처럼
우리는 하루가 저무는 저녁 무렵에도
아침처럼 새봄처럼 처음처럼
다시 새 날을 시작하고 있다.

- 신영복 〈처음처럼〉

쑥부쟁이

가을 산야에
보석처럼 빛나는 쑥부쟁이.
들국화가 아닌 '쑥부쟁이'.
이름을 아는 순간 더 예뻐 보였다.
미풍에 온 몸을 떨면서 수줍은 듯 존재를 드러내는 쑥부쟁이.
가을의 주인공이면서 겨울 추위에도 버티며 자신을 피워낸다.

한라산 영실화원

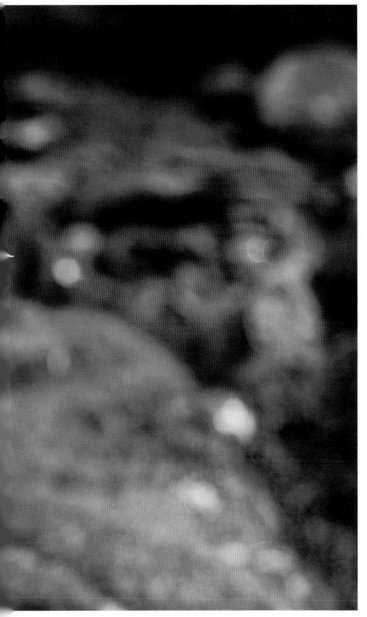

기 죽지 말고 살아 봐

꽃 피워 봐

참 좋아

        - 나태주〈풀꽃Ⅲ〉

모시대

금방망이

각시원추리

한라산 영실기암에
위태롭게 각시원추리가
앉아있다.
바람에 꺾일듯 쓰러질 듯
그러나
꺾이지도 쓰러지지도 않는다.
질긴 야생화의 생명력.
닮고 싶다.

가는잎범꼬리

구름패랭이

누구의 그늘을 만들려고
수풀 사이로 고개를 내밀었을까.
패랭이 닮았구나
구름패랭이.

좀비비추

구름떡쑥

타래난초

산쥐논이

화려하지도 완벽하지도 않지만
저마다 매력을 지닌 존재
태풍과 천둥과 번개와 땡볕을 견디는데는
인고의 시간이 필요하다.

영실

설문대할망이 구름을 몰고 온다.
한라산 영실화원이 문을 닫는다.

꿩의다리

흔들리지 않고 피는 꽃이 어디 있으랴

이 세상 그 어떤 아름다운 꽃들도 다 흔들리면서 피었나니

흔들리면서 줄기를 곧게 세웠나니

흔들리지 않고 가는 사랑이 어디 있으랴

                      - 도종환 〈흔들리며 피는 꽃〉

꽃창포

대추

세상과 통하는 대추 !

저게 저절로 붉어질리는 없다
저 안에 태풍 몇 개
저 안에 천둥 몇 개
저 안에 번개 몇 개가 들어서서
붉게 익히는 것일 게다.

- 장석주 〈대추 한 알〉

개박쥐나물

마타리꽃

등나무

연보라빛 꽃이 포도알처럼 주렁주렁 매달린 채 인사를 한다.
여름 뙤약볕 피할 그늘 쉼터를 만들고
피로한 눈 위로해주는
친숙한 나무.

붓꽃

설앵초

붉은 꽃봉오리가 방긋 웃는다.
연두빛 새잎, 화사한 꽃잎 앞에
마음은 이미 중심을 잃는다.

모과

애기사과

당매자나무

애기사과

너도 사과나무이구나
몰랐다. 빨갛고 둥그스름한 사과만 보다가
애기사과, 너를 만났구나.

박태기나무

죽단화(겹황매화)

자주괴불주머니

줄딸기

장딸기

수수꽃다리(라일락)

쌍둥이도 차이가 있다.
봄에 피는 진달래, 철쭉, 연산홍이 그렇다.
같아 보이지만 다르다.
그래서 더 빛난다.

연산홍

철쭉

매화

변산바람꽃

새끼노루귀

복수초

살얼음 속에 고개를 내민다.
세찬 겨울 견디고 견뎌
수줍은 듯 고개를 내민
복수초.

털머위

다시 발견한 사랑
변함없는 마음
언제나 곁에 있었지만
마지막에서야 보이는…

정금아~!
나직이 불러보면
초등학교 동창 여자아이 이름 같기도 하고
중학교 동창 남자아이 이름 같기도 하고
다시 정금아… 중얼거리면
입에 침이 고이는 정금나무
새콤달콤 정금이
가을과 함께 까맣게 익어간다

정금나무

누리장나무

가막살나무

해국

소황금

바늘엉겅퀴

용담

한라부추

물매화

꽃며느리밥풀

빨간 입술에 밥풀 두 알이 서글프다.
밥 짓는 냄새는 고소하고 달큰한데
꽃며느리에게는 서글프고 외롭다.

가을은
산에서 내려온다.
때로는 한 걸음씩
때로는 성큼 성큼
때로는 후다닥닥!

영실

노꼬메

노꼬메

바람에 흔들리지 않으면 식물은 뿌리를 내리지 않는다.
바람에 시달리지 않으면 생명은 땅에 깊이 뿌리박지 못한다.
바람에 흔들리면서 더 깊이, 더 단단하게 뿌리를 대지에 내린다.

가는잎뱀의꼬리

장마가 끝난 뒤
신록은 더 푸르다.
한라정원의 주인공들이
서로 신록을 뽐낸다.
신록은 더위를 잊게 한다.

호장근

알뜨르비행장에서
인간의 탐욕과 아픔을 동시에 본다.
제국주의의 탐욕과 제주도민의 아픔이 녹아있는 땅.
알뜨르 활주로터엔 여름 바람이 보인다.

알뜨르비행장

알뜨르비행장

병꽃나무

언뜻언뜻 보여주던
병풍바위는 안개 속에 숨고
짙은 홍조빛 새색시들만
가지 끝에 매달려
부끄러워 고개 숙인 채
땀에 젖은 산객을 반긴다.

여름의 길목
족은노꼬메에서 띠와 때죽나무와 함께 여름을 맞이하다.

띠

때죽나무

모든 꽃이 지고 난 겨울부터 이른 봄까지 붉게 피었다가
봉오리 채 뚝 떨어지는 동백꽃.
화려한 봄의 향연을 알리는 동백의 소멸.
시들지 않고 소멸하여 아름다운가.
시들지 않고 소멸하여 처연한가.

동백

장미

장미

사소한 일로 우울할 적마다
"밝아져라"
"맑아져라"
웃음을 재촉하는 담장너머 피는
아름답고 수줍은 넝쿨장미, 장미

삶의 길에서
가장 가까운 이들이
사랑의 이름으로
무심히 찌르는 가시를
다시 가시로 찌르지 말아야
부드러운 꽃잎을 피워낼 수 있다고.

　　　　　- 이해인 〈5월의 장미〉

거베라

비 개인 후

비가 내렸다.
꿀풀에게도
붓꽃의 쳐진 꽃잎은
비에 젖어 힘겨워 보인다.
나무 우거진 산책로엔
옅은 안개가 내리고
삼색병꽃은 물방울을 머금은 채 활짝 웃는다.
골무꽃은
어느새 빗방울을 털어냈는데
샤스타데이지는 이제야 몸 말리려고
하늘을 향해 활짝 문을 열었다.
여름 땡볕 그늘로 휴식처가 되어주었던
멀구슬 나무가 기지개를 켠다.
모과야 너도 어릴땐 참 귀엽구나!
거미줄 목걸이 두른 당매자나무빛이 돋보이고
집으로 가는 길 어느 집 화단
거베라 색감이 고혹스럽다.

붓꽃

삼색병꽃

골무꽃

샤스타데이지

멀구슬나무

모과

당매자나무빛

83

꿀풀

애기나리

화창한 오월,
생의 가장 고귀한 순간
한 송이만 피우는 겸손으로
차마 하늘을 올려보지 못할
말 못할 사연은 무엇일까?

봄날 1500고지 넘어
습한 바위틈 설앵초는
땀에 젖은 사람만이 만날 수 있다.
눈이 녹지 않는 고산에서 핀다고 '雪'이 붙었으리라.

설앵초

꽃양귀비

꽃양귀비

오래전 가고 싶었던 동화나라가 이랬지.
어느 여인의 잠옷 무늬였던가
꿈결같은 화려함에 사라질까 숨죽인다.

줄딸기

벌깨냉이

현호색

개감수

백작약

곰 잡으러 가는 발걸음 붙잡는 색시
하얀신부의 유혹에 오월의 해가 기운다

빗방울이 연잎에 고이면
연잎은 한동안 물방울의 유동으로 함께 일렁이다가
어느 순간 미련없이 쏟아 버린다.
그 물이 아래 연잎에 떨어지면
거기에서 또 일렁이다가
또르르 연못으로 비워 버린다.
연잎은 자신이 감당할만한 무게만 짊어진다.
비워내는 지혜가 연잎을 살리는 것이다.
욕심대로 받아들이면
마침내 잎이 찢기거나 줄기가 꺾이고 말 것이다.

연잎

일본 북알프스의 야생화

몽골의 야생화

초여름 은물결의 일렁임은 추억을 소환한다.
촉촉하고 달짝지근한 삥이(삘기)를 빼먹을 때 우리는 바람도 같이 먹었다.

'그 많던 삥이는 누가 다 먹었을까?'

띠(삥이)

꽃쥐손이, 비슬산

은방울꽃(성모마리아의 눈물), 비슬산

비에 젖은 금낭화가 내 영혼을 헹궈낸다.
식물은 요란스럽지 않으며 고요속에서
살그머니 깨어나는 생명체.
소리없는 아우성으로 버텨내고 견뎌내어
마침내 부르는 행복한 노래.
나는 하나의 풀꽃이 되어
바람따라 햇살따라 빗물따라
노래하는 시인이 된다.

금낭화, 속리산

참꽃나무, 월악산

이팝나무, 월악산

벌깨덩굴, 월악산

애기똥풀, 월악산

꽃마리, 월악산

미나리냉이, 월악산

노린재나무, 월악산

나무와 꽃은 언제나 그 자리에 있다
떠나지 못하기 때문에 적응하고 버텨내야
꽃과 열매를 맺을 수 있다.
그러나 꽃과 열매가
견디고 버텨내는 것만으로 가능할까?
가만히 보면 그들은 기대고 있다.
땅에 기대고, 물에 기대고,
햇볕에 기대고, 바람에 기대고.
우리도 서로가 서로에게
기대어 살아간다.

풀솜대, 한라생태숲

제비꽃, 한라생태숲

상동이 지락지락 열렸다
손바닥 가득 따서 한입에 털어 먹어야 더욱 맛있다
그리운 유년의 고향 맛이자 옛 친구의 알싸한 상동 맛!

상동나무, 저지곶자왈

백두산의 야생화

두메양귀비

천상화원 천지
궂은 날씨 때문에
천지에 가서 천지를 못 본 사람이 천지라 하던데
산신령님의 도움으로 천지를 눈에 가득 담을 수 있었다.

구름국화

범의 꼬리

손바닥난초

바위구절초

꽃들이 들과 언덕으로
더 높은 산으로 나를 이끌었다.

비로용담

뱀의꼬리

화살곰취

노란물봉선

나도개미자리

돌꽃

좀참꽃

구름오이풀

분홍바늘꽃

투구꽃

털쥐손이

하늘메발톱

숨 한번 멈추고 저 순수한 푸른 보랏빛
골짜기 덮은 보라가 내 마음을 물들인다.
천상정원에 앉으면 시간이 흐르는 것도 잊는다.

두메양귀비

현호색, 절물

가냘픈 꽃대를 세우고 꽃잎을 하늘거린다.
물고기가 입을 크게 벌리고 노래를 부르며 숲속을 누빈다.
연하늘색, 하얀색, 홍자색, 연보라색….
어떤 땅에 뿌리를 내렸는지에 따라 빛깔이 다르다.

변산바람꽃, 절물

변산아씨의 고운 모습을 담으려 한다면
자세를 낮추고 긴 호흡으로 기다릴 줄 알아야 한다.
그래서 변산바람꽃의 꽃말은 기다림!

중의무릇

꽃과 잎과 줄기가 가늘어 살랑대는 바람에도
몸을 가누지 못하는 여린 친구.
그러나
한 겨울 혹독한 추위를 이겨내고 봄을 알리는 전령사.
연약함 속에 숨겨져 있는 강인함을 배우라는 작은 가르침.
오늘
그런 가냘픈 별 하나가 내 가슴속에 스며들었다.
꽃은
별이다.

꽃향유, 백약이오름

늦가을 오름길 한 켠을 보랏빛으로 수놓는
자잘하고 모드락하게 모여 앉은 꽃향유,
칼바람 뒤 오름 양지에 숨어 키 낮추어 웃는다.

꽃무릇(석산), 한라수목원

식물도 상사병을 앓는가.
그 싱그런 봄
잎이 그리 찾던 꽃이
다 시들고 난 이 여름 끝에 나타나
아무리 찾아도 그 잎은 없으니.

치장의 본능은 동물들에게만 있는 것이 아니다.
치장의 본능, 그 원천은 꽃들에게 있다.
식물은 인간보다 더 뛰어난 생각을 하는 존재들이다.
달개비는 가짜 수술을 달고 있다.
꽃밥이 없는 수술을 더 예쁘게 만들어 달고 있다.
마치 소녀를 예쁘게 꾸민 머리핀처럼.

달개비

꿩의바람꽃, 절물

돌매화

언제부터인가 돌매화는 나의 연인!
돌매화의 마음 알 길 없으니
어쩌면 짝사랑일지도 몰라
언제부터인가 돌매화는 나의 연인!

허리가 굽어 할미꽃인 줄 알았네.
하늘 향해 피어있기도 하였네.
씨앗을 멀리 날려 보내려고 허리를 곧게 펴고
하얀 머리를 풀어헤치기도 하였네.
할미꽃이 씩씩하고 용감한 줄은
무릎을 땅에 대고서야 알았네.

할미꽃

한라부추

얼레지

설앵초

붓꽃

2부

산의
노래

내
마음의 고향
한라산.
닮고 싶은 산
한라산.

한라산

한라산 남벽

15년 만에 개방된 돈네코 코스.
한라산 정상 남벽의 위용!

한라산 남벽

한라산 영실

나뭇가지 사이로 웅장한 병풍바위가 나타나고
영실기암 능선 너머로 오색구름이 반짝인다.

한라산 영실

영실로 가는 길은
언제나 눈이 즐겁다.
영실로 가는 길은
언제나 마음이 따뜻하다.
영실로 가는 길은
함께했던 사람들을 떠올리게 한다.

한라산 영실

한라산 영실

한라산 영실

한라산 영실

겨울 한라산

사계절 어느 때 산을 들어도
아름답지 않은 계절이 없지만
겨울한라를 찾고나면 유독 여운이
가슴 밑바닥에 오래도록 둥지를 튼다.

겨울 한라의 백미 중 하나는
눈의 예술.
자연은 눈을 재료삼아
눈 조각을 만들어 낸다.

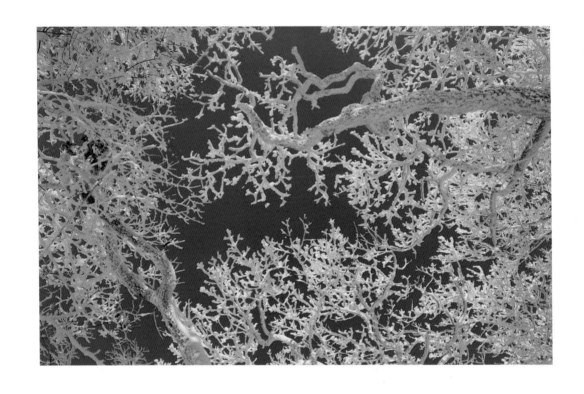

눈 색깔이 모두 하얀색만은 아니다.
자세히 보면 차이를 느낄 수 있다.
차이를 만드는 것은 하늘이다.
구름이 잔뜩 낀 하늘이면 눈이 회색빛을 닮고
맑은 하늘이면 눈이 하늘빛을 닮은 하얀색이 된다.
늘 파란 맑은 하늘이 되고 싶다.

겨우내 얼었던 조릿대가
이불처럼 덮고 지낸 눈 속에서
긴 잠 깨어 기지개 켜고 실눈 뜨는 날
아직 끝나지 않은 설움이 하얀 눈 되어 다시 덮인다.

수악계곡

수악계곡

가을이 내려앉아
더 깊어진 수악계곡
가을 수악은 곱다.

수악계곡 단풍

붉게 물든 잎 위로 내리는 가을 빛깔

가을 한숨 가슴에 담고

자유를 꿈꾸며

숲속으로.

사라오름

노꼬메에서

여름에는 저녁을
산에서 먹는다.
초여름에도 환한 달빛
데크 위에는 텐트
텐트 위에 내린 달빛
달빛을 깔고 저녁을 먹는다.
산은 달빛에 잠기고
술은 달빛에 익고
술잔 가득 차는 달빛
달빛을 먹는다.

노꼬메에서

노꼬메에서

바람처럼
구름처럼
흐르다
비되어 내려와
빛바랜 보랏빛 꿈을 꾸다.

새별오름

제주도 서남쪽 대정 안덕 해안가 평지에
우뚝 솟은 산방산은 묘한 매력을 준다.
계절이 바뀌고 날씨가 변할 때 마다
나를 부르는 산방산
산방산 마루에 구름모자가 걸렸다.
볼 때마다
불현듯 후다닥 달려들 것 같은
산방산.

산방산

두륜산 계곡

달마산

산을 보면 함께했던 누군가와 이어진다.

섬진강

섬진강은
평화다.
사랑이다.
이름 모를 수초의 구원이다.
해 저무는 강변에
설레이게 바람이 일고
강건너 산위에는 서러운 구름이 피어 오른다.

섬진강

지리산

누군가 노래했다.
지리산에 오려거든 등산 아닌 입산하는 마음으로 오라고.
등산은 인간의 정복욕과 교만의 길이지만
입산은 자연과 한 몸이 되는 상생의 길이기에.
기어이 오려거든
모든 걸 내려두고 출가자의 마음으로 오란다.
정복할 것은 마음 속 욕망의 화신이지 몸 밖의 산은 아니라고.

지리산

뱀사골의 속살은 초록이다.
신록의 싱그러움,
초록의 계곡물을 닮고 싶다.
아니 그냥 산이고 싶다.

지리산 뱀사골

지리산, 평사리 들녘

지리산이 하동으로 뻗은 끝자락에 형제봉은 자리잡고
평사리 황금 들녘과 섬진강 청류를 굽어보고 있다.
부부송은 초여름 때와는 사뭇 다른 표정으로 반긴다.

지리산, 평사리 들녘

지리산, 평사리 들녘

덕유산

덕유산

덕유산

어머니의 산
덕스러운 산
수많은 생명들을 품어 살리는 산
모든 산은 덕유산이 아닐까.

속리산

산은 사람을 멀리하지 않는데
사람이 산을 떠나는구나

- 최치원 〈山非俗離 俗離山〉

백두대간은 속리산을 관통하며 남과 북으로 길게 뻗어간다.
속리산이 가르는 건 산자락뿐만이 아니다.
산정에 쏟아진 빗줄기는 동쪽으로 흘러 낙동강이 되고
남쪽으로 흐른 물은 금강이 되며
북쪽으로 스며든 물은 한강이 된다.

속리산

월악산

하루 종일 아무 말도 안 했다.
산도 똑같이 아무 말을 안 했다.
말없이 산 옆에 있는 게 싫지 않았다.
산도 내가 있는 걸 싫어하지 않았다.
하늘은 하루 종일 티 없이 맑았다.

- 도종환 〈산경〉

월악산

설악산 공룡능선

설악산 공룡능선

끝청-중청-소청의 맥을 이은
왼쪽의 용아는 말없이 웅크려 있고
희운각 내리막 앞 버티고 있는
공룡은 동면 중이라 깨우지 말라 한다.

토왕성폭포, 설악산

설악산 노적봉

한 편의 시를 위한 길

소토왕골

설악산 노적봉

솜다리의 추억길

노적봉 하강길

비슬산

백두산 천지

백두산 천지에
무지개가 떴다.

백두산 천지

백두산 천지

천지의 물이 세상 밖으로 나가기 위해
준비하는 이 곳을 '달문'이라고 한다
천지의 물은 달문을 통해 '승사하'로 통하고
다시 '장백폭포'를 지난 후 '송화강'으로 이어진다.
달문에 비친 장군봉을 보면서…

승사하

백두산 장백폭포

고무당산, 중국

고무당산, 중국

고무당산, 중국

북알프스, 일본

북알프스, 일본

북알프스, 일본

북알프스, 일본

남알프스, 일본

선 굵은 나이테 같은 산행!

남알프스, 일본

남알프스, 일본

남알프스, 일본

남알프스, 일본

몽골의 초원

태를지국립공원

산으로 둘러싸인 계곡과
온갖 야생화가 만발한 푸른 초원
몽골의 초원에선 시간이 멈춘다.

태를지국립공원

네팔의 안나푸르나

마차푸차레

마차푸차레

CÉSAR PEYRE
1980 – 2006
FAMILLE ET COUSINS

마차푸차레

안나푸르나의 밤하늘

마차푸차레

마차푸차레

카트만두

사람이 온다는 건

사실은 어마어마한 일이다.

그는

그의 과거와

현재와

그리고

그의 미래와 함께 오기 때문이다.

한 사람의 일생이 오기 때문이다.

- 정현종 〈방문객〉

3부
———
길의
노래

내를 건너서 숲으로
고개를 넘어서 마을로
어제도 가고 오늘도 갈
나의 길 새로운 길

- 윤동주 〈새로운 길〉

청산도

겨울 한라산

겨울 한라산

안나푸르나, 네팔

몽골의 초원

소백산

소백산

노꼬메에서

석굴암 가는 길

석굴암 가는 길은
부끄러움을 모두 감춘 하얀 세상
손이 시린줄 모르는 시간

석굴암 가는 길

1100도로

선녀폭포

한라산둘레길

영남알프스

추억의 소풍길

우리들 각자가 걸어온 길
그 길 위에서 다시 길 떠난다.

눈섬

당산봉 생이기정

알작지

파도가 거품 물고 덤비는 기세에
힘빼어 구르며 숨죽이고 눈 감는다.
너도 나처럼 안 아픈 날 있겠냐마는
서둘러 몸 낮추어 둥글어 가는 것은
시간을 여의어 가는 알작지의 설움이다.

알작지

몽골의 초원

몽골의 사막

안나푸르나, 네팔

안나푸르나, 네팔

운주사 와불

운주사 와불

운주사 와불님 뵙고 돌아오는 길에
그대 가슴의 처마 끝에 풍경을 달고 돌아왔다.
먼 데서 바람 불어와 풍경소리 들리면
보고 싶은 내 마음이 찾아간 줄 알아라.

－ 정호승 〈풍경달다〉

운주사 와불

팔공산 등산로

돌탑을 쌓은 70대 노인은
사진 찍기를 사양했다.
무슨 염원을 쌓았을까?

소백산

앙코르왓, 캄보디아

안나푸르나, 네팔

안나푸르나, 네팔

새로 만든 길이 꼭 새로운 길은 아니다.
다시 시작하면 그것이 새로운 길이다.
어제와 같은 길도 새로운 마음으로 다시 걸어가면
그것이 곧 새로운 길, 새로운 출발이 된다.

겨울 한라산

북한산 인수봉

북한산 인수봉

북한산 인수봉

4부

———

나의
노래

여백餘白

먼저 꽃 사진을 보여드리지요.

꽃모양이 시계를 닮아서 시계꽃이라 합니다. 이 시계꽃을 보여
드린 이유는 시간에 대해서 이야기를 하고자 해서입니다.

시간이라는 것은 지나간 것은 재생할 수도 없고 다른 어떤 것
으로도 대체가 불가능하지요. 그리고 돈으로 남의 시간을 사서
나를 위해 일을 하게 할 수는 있지만 원천적으로 증여나 상속도,
대여나 회수도 불가능합니다.

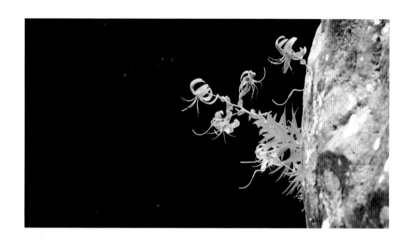

　"세상은 불공평해도 세월은 공평하다"는 말이 있듯이, 시간은 참으로 공평해서 누구에게나 똑같이 주어진다는 것과 살아있는 동안에는 아무런 대가를 요구하지 않고 누구에게나 무료로 제공된다는 사실입니다.

　그런데 항상 이 시간이 문제입니다. 산업화와 자동화로 사람의 일은 많이 줄었는데도 우리는 늘 시간이 없다고 합니다. 우리나라 전체 인구의 45%가 'Time Poor'라고 합니다.

　어떤 사람은 1년간 일정이 꽉 차 있다고 자랑합니다. 그런 사람들은 전형적인 Time Poor이지요. 시간의 노예로 살고 있는 사람은 돈과 인기와 명예를 얻었을지는 몰라도, 떠가는 흰구름을 벗해서 산이나 강가에 앉아 세월을 낚는 그런 삶을 사는 사람보다 행복해 보이지 않습니다. 개인적으로는 말입니다.

　여백이 그림을 아름답고 평화롭게 하듯이 삶의 여백 또한 인생을 풍부하고 여유롭게 할 것입니다. 그런 여백은 선생님들 스스로 만들어가는 것이지요.

여백

도종환

언덕 위에 줄지어 선 나무들이 아름다운 건
나무 뒤에서 말없이
나무들을 받아 안고 있는 여백 때문이다
나뭇가지들이 살아온 길과 세세한 잔가지
하나하나의 흔들림까지 다 보여주는
넉넉한 허공 때문이다
빽빽한 숲에서는 보이지 않는
나뭇가지들끼리의 균형
가장 자연스럽게 뻗어 있는 생명의 손가락을
일일이 쓰다듬어주고 있는 빈 하늘 때문이다
여백이 없는 풍경은 아름답지 않다
비어 있는 곳이 없는 사람은 아름답지 않다
여백을 가장 든든한 배경으로 삼을 줄 모르는 사람은

　짧은 여름방학임에도 불구하고 장기간 또는 단기 연수를 받는
선생님도 있고 학기 중보다 더 바쁘게 지내는 선생님도 있지만,
짬짜미 여백을 크게, 그리고 많이 만드는 이번 방학이 되시길 바
랍니다.

2016. 7. 18.

우리의 목적지는

2학기 개학을 한지 3주가 다 되어갑니다.

우리가 어떤 일을 도모할 때 첫 번째로 해야 할 것이 목표로 정한 방향을 확인하는 것입니다. 따라서 새 학기의 시작도 먼저 우리가 가고자하는 방향을 바로 보고 출발을 해야 합니다.

두 번째는 가는 도중에 흔들릴 때는 목표가 있는 방향을 바라봐야 합니다. 우리 주위의 그 무엇이 우리가 가고자 하는 길을 흔들어 놓는 경우가 때때로 있기 때문입니다. 교육활동을 하다보면 그 방향을 흔드는 것이 있는데 그것이 학생일 수도, 학부모일 수도, 우리 자신일 수도 있습니다.

세 번째는 도착지점에서 방향에 맞게 도달했는지를 평가하는 것입니다.

여행가인 한비야가 이런 말을 했지요.

"낯설고 거친 길 한가운데서 길을 잃어버려도 물어 가면 그만이다. 물을 이가 없다면 헤매면 그만이다. 중요한 것은 자신의 목적지를 절대 잊지 않는 것이다."

인생은 속도가 아니라 방향이라는 말이 있듯이 목표를 향해 나아가는 것은 항해이지만 목표를 잃어버리면 표류입니다.

　우리학교의 교육목표는 무엇입니까? 우리 교육계획에 보면 '올바른 품성과 원대한 꿈을 지닌 진취적이고 창의적인 글로벌 인재육성'입니다. 꿈을 키우는 즐거움, 배우는 즐거움, 맘 고운 즐거움, 끼 펼치는 즐거움을 통해서 학생과 선생님 그리고 학부모 모두의 행복을 추구하는 것이 우리학교의 교육목표라고 되어 있습니다.

　우리 선생님들은 사대부중 교육가족 모두 다 행복한 교육을 추구하는 방향을 함께 바라보면서 2학기를 보냈으면 좋겠습니다.

2016. 9. 7.

메밀꽃

메밀꽃입니다.

메밀의 생산량이 강원도가 가장 많을 것이라고 생각을 하고 있을 텐데요. 사실은 제주가 전국에서 가장 많다고 합니다. 이 사진의 메밀밭은 오라골프장 위쪽에 위치하고, 위로는 열안지오름과 노루손이오름 사이 아래쪽(연동 산 132-2) 약 25만평의 메밀밭입니다.

지난 달 13일부터 30일까지 이 밭을 공개해서 관광객들이 많이 보고 갔다고 합니다.

메밀껍질은 찬 성질이 있어서 머리의 열을 낮춰주고, 머리와 목덜미를 잘 받쳐줘서 베갯속으로 활용하는데 저도 그런 체질이어서 메밀겨를 넣은 베개를 사용합니다. 그래서 저도 메밀하고는 친한 편입니다.

저는 이 메밀밭을 보면서 두 가지를 생각했습니다. 그 하나가 고등학교 때 읽었던 이효석의 단편 '메밀꽃 필 무렵'입니다.

메밀꽃이 핀 여름밤, 봉평장, 장돌뱅이 허생원과 조선달 그리고 동이, 달밤, 물레방아간, 왼손잡이 등이 생각나는 이효석의 단편소설 '메밀꽃 필 무렵'입니다.

허생원이 자기 아들인 동이를 찾고 동이 어머니와 재회를 암시하며 끝나는데, 소설의 아름다운 분위기에 허생원도 행복해지기를 바라는 마음이 간절한 여운으로 남았었습니다.

나 하나 꽃 피어
조동화

나 하나 꽃 피어/ 풀밭이 달라지겠느냐고/ 말하지 말아라.
네가 꽃 피고 나도 꽃 피면/ 결국 풀밭이 온통/꽃밭이 되는 것
아니겠느냐.

나하나 물들어/ 산이 달라지겠느냐고도/ 말하지 말아라.
내가 물들고 너도 물들면/ 결국 온 산이 활활/ 타오르는 것 아
니겠느냐.

　쉽고 간결하지만 감동적인 시구로 20여 년 전에 발표된 조동
화님의 시입니다. 내가 먼저 변함으로써 온 세상의 변화를 이끈
다'는 힘이 있는 시여서 좋아하고 선생님들께 들려드리고 싶었
습니다.

2016. 10. 4.

늘 파란 하늘

올해는 평년 보다 눈이 적은 해인데 2월 10일과 11일엔 올 겨울 들어 한라산에 눈이 가장 많이 내린 날이었지요. 나는 눈이 오면 어김없이 산으로 달려갑니다.

토요일에 차를 끌고 1100도로를 가다보니 어승생 저수지 검문소에는 소형차량을 통제하고 있었습니다. 거기다 차를 세우고 어리목으로 눈을 밟으며 걸었지요. 그 때 담은 사진입니다.

　다음 날은 날씨가 좋아서 어리목-윗세오름 코스로 산행을 했
는데 산행길 풍경이 동화속의 장면들이었습니다. 정신없이 카메
라에 담았지요.

　그런데 눈 색깔이 모두 하얀색만이 아니었습니다. 자세히 보면
11일과 12일의 사진에 담긴 눈의 색이 조금 다르다는 걸 알 수 있
습니다. 번갈아 보면 차이를 느낄 수 있겠지요? 그 차이를 만드
는 것은 바로 하늘입니다.

　구름이 잔뜩 끼어 있으면 눈이 회색빛을 담고, 맑은 하늘이면
눈이 하늘빛을 담아 하얀색으로 보입니다.

　학교에서 선생님들은 하늘입니다.
　2017학년도에는 선생님들이 늘 파란 하늘이 되어서
　우리 아이들이 하늘빛을 가득 담을 수 있으면 좋겠습니다.

2017. 3. 6.

새로운 길

안녕하셨습니까?
우리 국사련 회원학교 교장선생님과 연구부장 선생님
모두 환영합니다.
여정이 길고 궂은 날씨어서 피곤하셨겠지만
만발한 제주의 유채꽃과 벚꽃 기운이
추위에 움츠렸던 어깨를 활짝 펴게 해주리라 생각합니다.

지난 겨울은 매섭게 추웠지만 뜨거운 겨울이었습니다.
새봄에는 역사에 기록될 헌재의 판결이 있었고,
그리고 세월호가 3년간의 긴 여정을 마쳤습니다.

당초 목적지인 여기 제주까지 오지 못하고 목포에서 멈췄지만
미수습자 9명 모두 가족 품에 돌아가길 염원합니다.
침몰의 원인도 명확하게 규명되어야 하겠습니다.
그래서 쉽게 아물기 힘든 상처지만 새살이 돋고
그 위에 새 희망이 피어나길 고대합니다.

새로 만든 길이 꼭 새로운 길은 아닙니다.

다시 시작하면 그것이 새로운 길입니다.
어제와 같은 길도 새로운 마음으로 다시 걸어가면
그것이 곧 새로운 길, 새로운 출발이 됩니다.
이런 의미에서 윤동주님의 시 '새로운 길'을 소개하겠습니다.

새로운 길

윤동주

내를 건너서 숲으로 / 고개를 넘어서 마을로
어제도 가고 오늘도 갈 / 나의 길 새로운 길
민들레가 피고 까치가 날고 / 아가씨가 지나고 바람이 일고
나의 길은 언제나 새로운 길 / 오늘도… 내일도…
내를 건너서 숲으로 / 고개를 넘어서 마을로

이러한 새로운 봄에 우리 국사련과 회원 학교에도
'민들레가 피고 까치가 날고
아가씨가 지나고 바람이 일어서
언제나 새로운 길'로 나아가길 기원하겠습니다.

2017. 4. 6.

민들레

봄이 무르익고 있습니다.
이맘 때쯤 피는
꽃들 중에 끈질긴 생명력을 가진 식물을 꼽으라고 한다면
민들레만 한 것이 없습니다.

차도의 갈라진 아스팔트 틈새에도, 사람이 붐비는 거리의 보도
블록 사이에도, 흙을 찾아보기 힘든 돌담 언저리에도 조그만 틈
을 비집고 생명을 이어가는 것이 민들레입니다.

그 앙증맞게 생긴 순결한 노란 꽃도 예쁘지만
솜털처럼 여문 홀씨를 매달고 둥글게 세상을 바라보는 모습.
영화 〈아바타〉의 생명나무 열매처럼 생긴 홀씨의 흩날림.
봄이라서 좋은 것이 아니라 이 대지를 수놓는 각종 꽃의 향연
이 있기에 봄은 진정 아름다움이지요.

내가 눈길을 주고, 관심을 가지고, 쓰다듬어주어서 식물들이
저리 잘 자라는 것은 아닙니다. 출근길에 갑자기 시야에 들어온
민들레꽃과 홀씨의 소리 없는 성장에 놀라는 것은 그 변화를 인

지하지 못하고 맞닥뜨린 갑작스러움 때문이 아닌가 합니다.

우리는 훌쩍 자라버린 식물의 모습을 경이롭게 보지만 그 식물은 절대로 갑작스럽게 자란 것이 아닙니다. 어느 한 순간도 소홀함 없이 꾸준하고 지속적인 자람이 지금의 모습으로 나타난 것이지요.

그것이 바로 꾸준함입니다.

愚公移山이란 말이 있지요. 우공이 산을 옮기겠다고 우겼을 때 산신령이 놀란 이유가 그것이고, 磨斧爲(作)針이란 말도 있지요. 도끼를 갈아 바늘을 만들겠다는 우직함에 李伯이 깨달은 바도 바로 꾸준함입니다. 꾸준함처럼 멋스런 것은 없습니다. 꾸준함! 올해 봄을 지내는 화두로 삼아 봄직하지 않습니까?

꾸준함! 예전에는 평범하게 느끼던 이 단어가 세상에서 귀한 것임을 나이가 들면서야 알아가고 있습니다. 이런 뜻에서 정호승님의 시 '봄길'의 일부를 소개하겠습니다.

봄길
정호승

사랑이 끝난 곳에서도
사랑으로 남아 있는 사람이 있다
스스로 사랑이 되어
한없이 봄길을 걸어가는 사람이 있다

2017. 4. 24.

가을은 어디서 올까?

걸어 다니면 계절이 바뀌는 모습이 보입니다. 지난 봄은 땅속에서 올라왔었는데 연휴에 관음사 코스로 한라산 정상에 다녀오면서는 가을이 하늘에서 내려오고 있는걸 보았습니다.

출퇴근길 용담동 가정집 울타리 안과 작은 텃밭(우영밭)에 대추가 익어가고 있어 카메라에 잡아 봤지요.

대추는 과일 중에 크지도 않고 별로 달콤하지도 않아 과일로 대접을 제대로 받지 못하지만, 약방에 감초처럼 삼계탕과 각종 한약의 부재료로 사용되어 맛과 약효를 한층 높여주는 역할을 합니다.

화려한 주연이 아닌 주목받지 못하는 조연이지만 모든 재료들을 어울리게 해서 맛과 약효를 올려주는 중요한 역할을 한다는 것이죠.

이런 대추를 아름답게 노래한 시를 소개하겠습니다.

대추 한 알
장석주

저게 저절로 붉어질 리는 없다. 저 안에 태풍 몇 개 저 안에 천둥 몇 개 저 안에 번개 몇 개가 들어서서 붉게 익히는 것일 게다.

저게 저 혼자 둥글어질 리는 없다. 저 안에 무서리 내리는 몇 밤 저 안에 땡볕 한 달 저 안에 초승달 몇 날이 들어서서
둥글게 만드는 것일 게다.

대추야/너는 세상과 통하였구나!

대추의 모양이 점점 붉고 둥글어 가는 것 또한 몹시 장한 일이지요. 누가 재촉한 것도 아닌데 대추는 저 혼자 열심히 크고 있습니다. 태풍과 천둥, 무서리와 땡볕과 초승달을 삼키면서 대추는 둥글고 붉게 자라났던 것입니다. 고맙고 기특한 일이지요. 그런 대추에게 장석주 시인은 감탄과 경외감을 담아 말을 건네고 있습니다.

"너는 대단하구나, 너는 세상을 잘 살아냈구나"

선생님들은 언제는 태풍과 천둥 그리고 번개가 되었고, 또 무서리와 땡볕 그리고 초승달이 되기도 했습니다. 때로는 텃밭을 가꾸는 할머니가 되어서 붉고 둥근 열매를 가꾸어 내고 있습니다.

가을이 하늘에서 오는 것처럼 선생님들의 보람도 바로 교실(敎室)에서 온다고 생각합니다. 선생님들이 애쓴 만큼 이 가을은 대추처럼 붉고 알 굵은 열매를 수확하는 계절이 되었으면 좋겠습니다.

2017. 10. 10.

결초보은 結草報恩

 가을이 들면서 들과 오름 주변에 이런 꽃들을 만날 수 있는데
본 적이 있습니까? 억새 보다 작지만 강아지풀보다 훨씬 커서
1m가 넘는 놈들도 있지요. 강아지풀처럼 앙증맞지도 겸손하게
고개를 숙이지도 않습니다. 만져 보면 꺼끌꺼끌한 느낌을 주어
서 가까이 하기도 싫고요. 그리고 두 손으로 뽑아도 뽑히지 않는
질긴 꽃대를 세우고 무리를 지어 자생하는데 이것을 수크령이라
합니다.

중국 춘추시대의 이야깁니다. 진(晉)의 위무자(魏武子)는 병이 들자 아들 위과(魏顆)에게 유언을 합니다. 자기가 죽으면 아름다운 후처인 애첩 조희(祖姬), 즉 위과의 서모를 친정으로 보내 개가시켜 순사(殉死)를 면하게 하라고 유언하지요. 그런데 그 후 위무자는 병세가 악화되어 정신이 혼미해지게 되니까 서모를 순장(殉葬)하라고 유언을 번복합니다.

아버지가 죽은 뒤 위과는 순사를 면하게 하라는 처음의 유언을 따라 서모를 개가(改嫁)시켜 줍니다. 그 후 진환공(秦桓公)이 진(晉)나라를 침략하였는데 위과는 진(晉)의 장수로 진(秦)의 두회(杜回)라는 장수와 결전을 벌이다 도망치게 되지요. 그때 갑자기 한 노인이 나타나 두회의 앞길에 나 있는 긴 풀을 묶어 두회의 말을 넘어뜨리고 위과가 두회를 사로잡아 전쟁에서 이길 수 있게 하여 주었습니다.

그 날 밤 위과의 꿈에 그 노인이 나타나서 말합니다.

"나는 당신 서모의 애비 되는 사람이오. 그대가 내 딸을 순장하지 않고 개가할 수 있게 해줘서 지금 내 딸은 잘 살고 있소."

그러면서 꿈에서 깼다고 합니다. 여기서 생긴 고사성어가 '결초보은(結草報恩)'이고 그 풀이 바로 이 '수크령'이었다고 합니다.

오늘은 어떤 광고의 카피를 소개하겠습니다. 보시면 기억이 날 겁니다. 몇 년 전 사회의 잘못된 세태를 꼬집은 공익광고협의회의 광고 카피입니다.

부모는 '멀리 보라'하고 학부모는 '앞만 보라'합니다
부모는 '함께 가라'하고 학부모는 '앞서 가라'합니다
부모는 '꿈을 꾸라'하고 학부모는 꿈 꿀 시간을 주지 않습니다.
당신은 부모입니까? 학부모 입니까?

가슴에 와 닿는 카피였습니다. '멀리 보게 하고, 함께 가게 하고, 꿈을 꾸게 하는 것'이 부모인데 그렇지 못한 현실을 꼬집은 것이지요.

결초보은 이야기와 이 카피의 글에서 우리는 같은 사람인데도 상황과 입장에 따라서 판단과 행동이 다름을 볼 수 있습니다. 위무자가 아들 위과에게 맑은 정신에서 했던 첫 유언, 그리고 학부모와 자식이 아닌 부모와 자식의 모습으로 돌아가는 길, 그것이 우리가 바라는 참된 교육의 시작이라는 생각을 해봤습니다.

2017. 11. 7.

촛불

초·중·고등학생들과 국민들이 켠 2백만 개의 촛불에도 수치도 모르고 염치도 없는 사람이 있습니다. 거짓말과 수사 기피로 일관하면서 국민의 실망과 분노의 크기를 무시하는 그 사람은 주변 관리를 잘못한 것만 인정하고 진정한 반성과 참회 없이 버티고 있습니다. 이제 분노를 넘어 부끄럽고 우울하기까지 한 12월입니다.

여기 또 다른 버티기가 있습니다.

지난 12월 1일 학교 화단의 쑥부쟁이입니다. 10월부터 피우기 시작한 가을꽃 쑥부쟁이가 겨울에 접어들어도 추위에 버티며 피워내는 이 가을꽃은 그 어느 사람과 비교할 바 없이 숭고하기 그지없습니다. 색은 좀 바랬지만 아직도 현관 앞 등굣길을 밝게 해주는 소국도 그렇습니다.

1년을 하루로 치면 12월은 저녁 분위기가 나는 달입니다. 저녁 하면 노을이지요.

붉은 저녁노을을 보면서 안도현님의 시 '너에게 묻는다'에서

 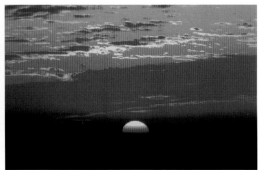

"연탄재 함부로 차지 마라. 너는 누구에게 한번이라도 뜨거운 사람이었느냐"는 구절이 떠올랐습니다. 연탄이 난방과 취사의 주 연료로 사용되었던 시절이 있었지요. 아마 80년대 후반까지는 그랬지요.

차갑게 식어버리고 볼품없이 허옇게 꺼진 연탄재이지만 그래도 한때 불이 활활 타오를 때는 그 누군가에게 뜨거운 불덩이였습니다. 나 또한 그 누구에게 뜨거운 불덩이였고, 희생할 수 있는 유익한 사람이었던지 반성하게 했습니다.

학생들을 위해 뜨거운 열정으로 지난 1년을 보내신 선생님들께 감사드립니다.

2017. 12. 5.

뒤돌아보기

지난달에는 걸으면서 단풍이 물드는 담쟁이에 유독 눈이 가서 카메라에 담아 봤습니다. 담쟁이는 담장 울타리와 대문 지붕 그리고 나무는 물론 철판으로 된 컨테이너에도 올라가고, 심지어는 검은색 비닐차광막으로 만든 하우스에도 올라가고 있었습니다.

담쟁이처럼 사람들도 높은 곳으로 오르기를 좋아하는 원초적 본능을 갖고 있지요. 어른들을 위한 이야기 그림책인〈꽃들에게

희망을〉(트리나 폴러스)이란 책을 보면 오르기 좋아하는 애벌레가 등장합니다.

그 애벌레들은 기둥을 끊임없이 기어오릅니다. 왜 오르는지 알수는 없는 일이고, 그 기둥의 꼭대기에 무엇이 있는지도 알 수 없습니다. 그냥 남이 오르니까 상대를 밟고서라도 올라가야 하는 것이 애벌레들의 숙명입니다.

무수한 세월, 고통의 장정을 끝내고 기둥의 끝에 도달해서 애벌레가 느낀 것은, 기둥의 꼭대기엔 아무것도 없다는 사실이었습니다.

노력하지 말고 살자는 이야기가 아니라 분주히 오가는 사람들 틈 속에서 가끔은 삶의 여유를 가져보자는 이야기입니다.

지난달 계단 모니터에 고선생님이 소개한 고은의 시를 보면 "노를 젓다가 노를 놓쳐 버렸다. 비로소 물을 돌아보았다"고 한 것처럼 걸어온 길도 돌아보고 주변도 살펴보아야 합니다. 걸어야 길가에 꽃이 보이고, 멈추어서 자세히 보아야 그 꽃이 얼마나 아름다운지를 알 수 있는 것처럼 말이지요.

서산대사 휴정스님의 시를 옮겨 보겠습니다.

踏雪野中去 不須胡亂行 今日我行跡 遂作後人程
(눈 덮인 들판을 갈 때는 모름지기 어지럽게 걷지 말라. 오늘 내
가 남긴 발자취는 훗날 뒷사람의 이정표가 될지니)

이제 12월. 2017년의 마지막 달이지요. 우리도 올해를 어떻게
걸어왔는지 뒤돌아 볼 때입니다. 우리가 올해 '가치가 있는 목표
로 지내왔을까? 가치가 있는 목표라면 그 방향은 바른 방향이었
을까!?'를 생각할 때여서 소개했습니다.

2017. 12. 5.

처음처럼

    한자로 독(獨)은 혼자, 홀로, 고독을 의미하지요. 홀로 獨 자의
변은 견(犬)인데 맹수를 뜻합니다. 맹수는 보통 힘이 강해서 늘
혼자 다닙니다. 그래서 獨(독)자는 의미가 전이되어 외로움을 뜻
하게 된 것이지요.

    힘이 강한 동물일수록 홀로 살아가는 경우가 많고, 연약한 동
물일수록 무리지어 사는 경우가 많습니다. 사람은 스스로 사람
人과 사이 間이란 표현을 쓰는 것을 보면, 사람은 애초부터 무리
를 떠나서는 살 수 없는 존재인 것만큼은 틀림이 없어 보입니다.

사람은 연약한 동물이지만 연약함의 기본은 '더불음'에 있습니다. 그 '더불음' 속에서 얼마나 조화롭게 살아가느냐 하는 것이 정말로 중요한 것이지요.

울타리나 방사탑, 도대불 그리고 성당 건물의 돌들은 한갓 돌무더기와는 다릅니다. 돌이 성당을 귀하게 만드는 것이 아니라 성당이 박혀져 있는 돌들을 귀하게 만드는 것입니다.

내가 한 개의 돌이라고 하더라도 내가 어떤 일에 함께 참여하느냐 하는 것이 더 중요한 것이고, 내가 '귀하다' 라고 하는 것은 곧 내가 어느 집단과 더불어 하느냐에 달려 있다고 봅니다.

그런 의미에서 신영복님의 시 '처음처럼'을 소개하겠습니다.

처음으로 하늘을 만나는 어린 새처럼
처음으로 땅을 밟고 일어서는 새싹처럼
우리는 하루가 저무는 저녁 무렵에도
아침처럼 새봄처럼 처음처럼
다시 새날을 시작하고 있다.

신영복님은

역경을 견디는 방법은 처음의 마음을 잃지 않는 것이고, 처음의 마음을 잃지 않기 위해서는 '수많은 처음'을 꾸준히 만들어내는 길밖에 없다고 했습니다. 그래서 '산다는 것은 수많은 처음을 만들어 가는 끊임없는 시작'이라고 말하고 있습니다.

그래서 '처음처럼'이란 말은 우리들이 새 학년도를 시작하고 지내면서 늘 염두에 두어야할 화두(話頭)로 삼았으면 좋겠습니다.

2018. 3. 2.

잡초雜草

잡초의 특징으로는 이름 모름, 먹지 못함, 꽃이 예쁘지 않고 향기도 없음, 끈질김(생명력이 강함) 등이 있고, 잡부, 잡종, 잡어, 잡상인 잡탕, 잡소리, 잡놈 등 접사 '잡'이 붙은 말 중 좋은 뜻을 가진 말은 없습니다. 이렇게 '잡'이라는 접사는 '여러가지가 섞인', '막된' 이라는 뜻을 가진 접사로 부정적인 이미지가 넘치지요.

지난해 10월에 가을은 하늘에서 내려온다고 말씀드렸는데, 그러면 봄은 어디서 올까요? 봄은 땅에서 올라온다고 저는 생각합니다. 올라오는 봄을 화분에 담았지요. 지난달 20일 학교 텃밭에서 올라오는 민들레를 화분에 심었습니다. 텃밭에서는 반갑지

않은 잡초(김)였는데 화분에 옮기니 '민들레'라는 꽃이 되었습니다.

나이 50이 넘어서 대학교수라는 안정적이고 선망 받는 직업을 버리고 전라도 변산에서 농사를 지으며 공동체를 꾸린 윤구병이라는 사람이 있습니다. 그 분이 농사를 지으며 깨달은 것들과 겪은 일화들을 묶은 수필집 〈잡초는 없다〉라는 책에 보면 "마늘밭을 온통 풀밭으로 바꾸어놓은 그 괘씸한 '잡초'들을 죄다 뽑아 던져 썩혀버린 뒤에야 그 풀들이 '잡초'가 아니라 '별꽃나물'과 '광대나물'이었다는 사실을 알고 얼마나 후회했는지 모른다."라는 구절이 있습니다. 그 별꽃나물과 광대나물을 잠시 보겠습니다. 이렇게 허리 숙여 가까이서 자세하게 들여다보면 이렇게 예쁠 수 없지요.

잡초란 무엇일까? 생각해 보면, 잡초는 아직까지 그 효능이 밝혀지지 않은 풀이 아닐까요? 옛날 잡초라 불리며 천대받던 개똥쑥이 항암 효과가 밝혀지면서 이제는 귀한 약초 대접을 받는 것을 보면 이 말이 맞는 것 같습니다. 아직까지 효능이 밝혀지지 않은 풀, 가공되지 않은 원석 같은 풀이 바로 잡초인 것이지요. 문제는 우리의 무관심과 무지가 예쁜 꽃을, 맛있는 나물을, 약초를 잡초라 하는 것이겠지요.

모든 풀은 다 자연의 일부이고 자연에서 나름의 각자 역할이 있는 존재들일 것인데, 화단에 '미관상 좋지 못하다', '유용하지 않다', '모른다'라는 이유로 뽑아 버릴 권리가 나에게는 없다는 생각도 듭니다. 모든 식물은 이 세상에서 저마다 나름의 존재이유가 있지 않을까요. 그래서인지 인디언 언어에는 '잡초'라는 말이 없다고 합니다.

우리학교에도 잡초 같은 아이들이 있겠지요. 그런 아이들을 관심을 가지고 더 가까이서 더 자세하게 살펴보는 그런 봄이 되었으면 좋겠습니다. 잡초는 없으니까요!!

2018. 4. 3.

노을

쑥부쟁이와 구절초를 / 구별하지 못하는 너하고
이 들길을 여태 걸어왔다니 / 나여, 나는 지금부터 너하고 絕交다

이 시는 안도현 시인의 '무식한 놈'이란 시의 전문입니다.
쑥부쟁이와 구절초는 고사하고, 꽃 이름조차 처음 듣는 사람
에게는 자존심을 건드리는 시이지요. 나 역시 그랬습니다.

쑥부쟁이 꽃은 구절초, 해국, 개미취 등과 꽃모양이 비슷하게
생겨서 저도 모두 같은 꽃인 줄 알았는데
알고 보니 잎 모양 등이 다르더군요.

지난달에 점심을 먹고 나오면서 장난삼아 옆에있던 선생님에
게 물어봤습니다. 용맥관 화단에 한창 피기 시작한 이 꽃의 이름
을 아느냐고. 국화과이니까 그와 비슷한 꽃 이름을 기대했는데
엉뚱하게도 '코스모스'라는 것입니다. 그래서 그 안도현님의 '무
식한 놈' 시를 소개해 주면서 절교한다고 말했습니다. 한참을 같
이 웃었습니다.

이름 몰랐을 때 보이지도 않던 쑥부쟁이 꽃이
발길 옮길 때마다 눈 속으로 찾아와 인사를 한다

이름 알면 보이고 이름 부르다 보면 사랑하느니
사랑하는 눈길 감추지 않고 바라보면,
모든 꽃송이 꽃잎 낱낱이 셀 수 있을 것처럼 뜨겁게 선명해 진다

위의 시는 정일근 시인의 〈쑥부쟁이 사랑〉이란 시의 일부입니다. 선생님들도 오름이나 들에 갈 때 보이는 꽃의 이름을 알아보십시오. 이름을 알고 난 후, 아마 그 꽃은 더 아름답고 사랑스러울 것입니다.

4월에 말씀드린 '잡초는 없다'를 기억하십니까?
그 잡초가 '별꽃나물'과 '광대나물'이었지요.
잡초 같은 그들에게 관심을 가지고 이름을 외우고
사랑하는 눈길로 바라보느라 지난 1년 동안 애쓰셨습니다.

물론 쉽지 않는 과정이었지요. 선생님의 진심어린 노력을 알아주지 못하고, 선생님의 생각을 어지럽게 하는 학생들, 학부모들, 그 외 여러가지들이 왜 없었겠습니까. 아이들에게 글을 가르쳐 놓으면 제일 먼저 '○○선생 바보!'라는 낙서를 한다고 하지요.

낙서 정도면 그나마 다행이고, 그 이상으로 선생님들의 가슴에 생채기를 내는 일이 허다합니다.

그렇지만 우리는 그런 아이들이 자라면서 善하게 변한다는 사실을 믿어야 합니다. 꽃은 종류마다 피는 시기가 다르고, 한 나무에서도 꽃이 피는 순서가 있듯이, 우리는 아이들이 느리다고 조급해 하지 않았는지도 생각해 볼 일입니다.

그리고 가슴을 긁는 아이 보다 착한 아이들이 더 많음에

위안을 받고, 다시 힘을 내야만 하는 것이 우리 선생님들입니다.

어쨌거나 지금의 교실 모습을 보면, 앞으로도 더 심하면 심했지 현재보다 좋아지지는 않는다고 봐야 하지 않을까요? 우리가 더 단단하게 무장을 해야 하는 이유가 여기에 있다고 봅니다.

오늘의 노랩니다. 연말을 맞아서 이때 어울리는 '노을'에 대한 노래를 선곡했습니다. 노을하면 우리의 고정관념 때문에 '저녁노을'만 연상되는데, 노을의 본래 뜻은 '해가 뜨거나 질 때 하늘이 벌겋게 물드는 현상'을 말합니다.

그러니까 새벽과 저녁의 붉은 빛이 모두 '노을'이고, 1년의 끝 무렵과 시작인 연말과 연시도 붉은 빛이며 노을이지요. 그래서 가슴을 긁는 아이들과 착한 아이들도 모두 같은 노을 빛이라고도 할 수 있지 않을까 생각을 했습니다.

학년도 말에 여러 가지로 바쁜 시기인데 힘내시기 바랍니다.
이런 의미로 이문세가 부른 '붉은 노을'을 함께 듣겠습니다.
2018. 12. 6.

하얀 코끼리

우리나라에는 코끼리가 자연적으로는 서식하지 않습니다. 그럼에도 불구하고 코끼리와 연결된 바위 이름들이 많이 분포합니다.

하얀 코끼리는 불교에서 매우 귀중한 존재로 여겨지는데 이는 석가모니의 모친인 마야부인이 태몽으로 6개의 상아가 달린 하얀 코끼리가 옆구리에 들어오는 꿈을 꾸었기 때문입니다. 이러한 이유로 하얀 코끼리는 어떠한 일도 시키지 않고 신성시되고 있는데, 특히 불교국가인 태국의 경우 국가의 수호신으로 대접받고 있습니다.

그런데 이런 하얀 코끼리는 아이러니하게도 '처치 곤란한 물건' 또는 '애물단지'를 의미하기도 합니다. 왜냐하면, 태국의 고대 국왕은 불편한 관계에 있는 신하에게 하얀 코끼리를 선물했다고 합니다. 국왕이 선물한 코끼리가 죽게 되면 왕권에 대한 도전으로 간주되었습니다. 신하는 코끼리가 자연사할 때까지 열과 성을 다해서 키울 수밖에 없습니다. 코끼리는 평균 수명이 70년이고 하루 150~250kg의 먹이를 먹기 때문에 어지간한 재력을 가지지 않고서는 사육이 불가능해서 신하의 고통은 실로 엄청날 수밖에 없습니다.

2017년 영국 〈가디언〉지에선 '막대한 예산을 들이고도 쓸모없는 세계 10대 '하얀 코끼리'에 우리나라 4대강 사업을 선정했습니다. 총공사비만 무려 23조 원이었지요. 그뿐 아니라 2조 7천억 원의 혈세가 들어갔지만 물류기능을 상실한 경인 아라뱃길과 이용객 수요예측 실패로 가장 조용한 공항이란 불명예를 얻은 양양공항, 평창 동계올림픽 가리왕산 알파인스키 활강경기장 등의 국책사업이 하얀 코끼리에 해당되겠지요. 이렇게 하얀 코끼리는 곳곳에서 찾아볼 수 있습니다.

그러면 혹시 우리에게는, 나에게는 이런 하얀 코끼리가 없는지 살펴보아야 할 때입니다. 막대한 시간과 돈을 투자하고서도 쓸모없는 일을 하고 있지는 않은지. 내가 하는 수업방식이나 인성지도 방식이 잘못된 길인 줄 알면서도 중간에 멈출 수 없어서 그 길을 고집하고 있는 것은 아닌지. 또한 체면이나 편리성 때문에 불필요한 낭비를 하고 있는 것은 아닌지.

불행하게도 우리 학교에 하얀 코끼리가 있습니다. 제가 근무한 기간인 5년 4개월 동안 한 번도 사용하는 걸 보지 못했지요. 큰돈을 들여서 구입했을 전기가마가 1층 서쪽 복도 끝에 15년이 넘게 공간만 차지하고 버티고 있습니다. 이 외에 또 다른 크고 작은 하얀 코끼리가 어디에 있지 않을까요?

이런 하얀 코끼리의 의미를 통해서 우리의 지난 1년의 발걸음을 돌아보았으면 좋겠습니다.

2018. 12. 28.

날려 보내기 위해 새들을 키웁니다

'學習'의 진정한 의미에 대해서 말씀드리고자 합니다. 학습은 '學(배울 학)'은 '習(익힐 습)'으로 된 단어이지요. 논어에 '學(배우다)'은 '效(본받다)'라고 하였지요.

그러니까 배우는 것은 본을 받는다는 것, 곧 실천하는 것이 '學'이란 의미지요. '習'은 '羽(날개우)'와 '白(흰백)'이 합쳐진 글자지요. '白'은 알에서 부화된 하얀 '어린 새'를 뜻하는데, 그러니까 習은 어린 새가 날갯짓을 하는 것을 말합니다.

그러므로 학습은 어린 새가 어미 새의 나는 모습을 본받아서 반복적으로 날갯짓을 해서 어미 새처럼 자유롭게 날아다닐 수 있는 능력을 갖추는 것을 말합니다.

새가 나는 방법에 대해서 전에는 교실에서 이렇게 가르쳤었지요.

"새의 날개는 윗면이 볼록하고 아랫면은 납작하다. 날개의 윗면은 볼록하여 아랫면보다 공기가 더 빠르게 이동한다. 이때 날개 윗면의 기압이 낮아지고, 아랫면은 높기 때문에 위로 뜨게 된다. 이를 '양력'이라고 하는데 이 양력과 날갯짓의 추력으로 새가 날 수 있는 것이다"

　만약에 어린 새가 위와 같은 텍스트로만 공부하면 어미 새처럼 날 수 있을까요? 시험을 잘 봐서 점수는 높일 수 있을지 몰라도 날 수 없는 새가 되어 다른 짐승의 먹이가 되기 쉽겠지요.

　그래서 오늘은 "날려 보내기 위해 새들을 키웁니다"로 시작하는 도종환님의 '스승의 기도' 일부를 소개하겠습니다.

　　힘차게 나는 날갯짓을 가르치고
　　세상을 올곧게 보는 눈을 갖게 하고
　　이윽고 그들이 하늘 너머 날아가고 난 뒤
　　오래도록 비어있는 풍경을 바라보다
　　그 풍경을 지우고 다시 채우는 일로
　　평생을 살고 싶습니다.

2019. 3. 13.

바람꽃

지난 3월에 강선생님에게서 시인이신 시아버지가 쓴 '그리운 나주평야'라는 시집을 선물 받았습니다. 그 시집에 있는 '바람꽃'이라는 시입니다.

바람꽃
고정국

바람이 꽃 속에 들면 / 그건 바람이 아니었네.
그곳에 숨을 죽이면 / 그건 곧 사랑이었네.
그리고 꽃잎이 지면 / 다시 / 바람이었네.

　저는 봄이 오는 길목인 2월 중순쯤 되면 절물오름과 노꼬메 오름 주변에 봄 마중을 나가서 바람꽃 중에 변산바람꽃과 꿩 의바람꽃을 데려옵니다. 덤으로 노루귀와 중의무릇, 복수초도 만나지요.

　키가 5cm 남짓하고 꽃의 크기도 10원짜리 동전만큼 해서 무 릎을 굽히고 고개를 숙여야 보일 정도로 아주 작습니다. 2월 늦 게 내린 눈 속에 피어있을 때도 있는데, 크기도 작고 태생적으 로 연약해 보여서 애처롭기까지 한 것이 나의 보호본능을 자극 하기도 합니다.

　그런데 이렇게 작고 연약해 보이는 이들이 키 큰 나무가 있는 숲속의 차디찬 땅바닥에서 견디고 살아내서 종족을 번식하는 생존전략은 무엇일까요?

　이들과 같이 봄에 일찍 피우는 꽃은 대부분 키 작은 것이 많 습니다. 이는 숲속의 키 큰 나무들의 잎이 나와서 햇빛을 가리 기 전에 꽃을 피우는 것이 유리하기 때문입니다.

　여름에는 나비와 벌 등 곤충과 새들이 많습니다. 그래서 여름 꽃은 유성생식을 하는 꽃들이 많은 이유이기도 하고요.

　가을에 피는 꽃은 열매를 맺을 시간이 부족합니다. 따라서 씨가 매우 작거나 대부분 열매가 없는 것이 특징이지요. 이들은 뿌리나 줄기, 살눈과 같은 방식으로 종족을 유지합니다.

자연의 모습을 자세히 들여다보면 놀라운 이치를 발견하게 됩니다. 세상에 우연히 생긴 것은 없다는 것을 알 수 있지요.

식물은 적절한 이동 수단이 없기 때문에 보다 다양한 전략을 갖고 있습니다. 민들레 홀씨처럼 바람을 타기도 하고, 도꼬마리나 도깨비바늘처럼 동물의 털에 달라붙어 이동하기도 하고, 또 씨앗은 동물의 위장에서 소화되지 않기 때문에 그들의 먹이가 돼서 분변을 통하여 이동의 자유를 얻기도 합니다. 이렇게 식물은 자연과 협력하면서 자신의 처지를 극복하고 생존해 가는데, 이런 것이 이들이 가진 고도화된 전략입니다.

자연은 이렇듯 위대한 섭리를 갖고 있습니다. 길을 가면서 하찮게 밟히는 이름 모를 풀이라고 할지라도 자신만이 갖고 있는 유연한 삶의 방식을 갖고 있다는 것을 알 필요가 있습니다.

角者無齒란 말이 있습니다. 뿔이 있는 짐승은 날카로운 이빨이 없다는 뜻인데, 뿔이 있는 소는 날카로운 이빨이 없고, 이빨이 날카로운 호랑이는 뿔이 없으며, 날개 달린 새는 다리가 두 개뿐이고, 날 수 없는 고양이는 다리가 네 개입니다. 예쁘고 아름다운 꽃은 열매가 변변찮고, 열매가 귀한 것은 꽃이 별로입니다.

그런 면에서 세상은 공평합니다. 장점이 있으면 반드시 단점이 있고, 때론 단점이 장점이 되고, 장점이 단점이 될 수도 있는 것입니다. 이것이 세상사라고 생각할 필요가 있지요. 그러니 자연을 함부로 대해서는 안 됩니다. 그들의 삶의 모습 속에서 배워야 할 것들이 너무나 많기 때문이지요.

식물들은 바람과 벌, 나비 그리고 짐승들과 서로 공유·공존하고, 배려와 협력하기도 하면서 더불어 숲을 이루면서 살아갑니다. 그 숲속에서 식물들은 자신의 처지를 극복하는 생존전략으로 유전인자를 후대에 남기려는 노력 하는 등 우리가 배워야 할 것이 있습니다.

그것이 우리가 숲을, 자연을 가까이 해야 하는 이유가 아닌가 하는 생각을 하면서, 이런 자연에서 본을 받고 희열을 느끼면서 건강하게 살아가는 싱그러운 봄! 그런 계절이 되었으면 좋겠습니다.

2019. 4. 10.

참나리

어제로 2019학년도 1학기를 마쳤는데요. 근래 들어서 이번 학기가 유독 선생님들에게 부담과 스트레스가 컸던 학기라고 생각합니다. 선생님들을 흔들어댄 것은 학생이 가장 많았을 테고 학부모도 그와 못지않았을 것입니다. 그 외 여러 가지가 있었음에도 우리가 가고자 한 방향으로 쭉 달려오신 선생님 모두 한 학기 동안 애쓰셨습니다.

오늘은 7월의 꽃! 참나리를 소개하겠습니다. 나리 종류는 참나리 외에도 꽃이 땅으로 향하는 땅나리, 하늘로 향하는 하늘나리, 땅과 하늘 중간을 보는 중나리, 잎이 줄기에 돌려나는 말나리, 이파리가 솔잎처럼 가늘며 분홍색 꽃의 솔나리 등 10여 종이나 됩니다.

그중 참나리는 꽃잎에 호피(점)무늬가 많이 있습니다. 참나리는 나리 종류 중에 '참' 字가 붙어서인지 제일 크고 예쁘지요. 참이란 거짓이 아닌 진짜라는 뜻과 품위나 품질이 썩 좋음을 나타내는 말이지요.
그러고 보니 바닷고기 중 으뜸으로 치는 참치가 그렇고 진달

래과의 참꽃, 취나물 종류 중 향기가 제일 좋은 참취, 쇠비름보다 맛이 좋은 참비름, 기름 중에 제일 고소한 참기름이 있으니 맞는 말이지요.

나는 참나리 꽃잎의 점(호피)무늬를 보면 두 가지가 생각나는데, 먼저 참나리의 점들이 얼굴에 나는 주근깨로만 보입니다. 그래서 이 꽃을 볼 때마다 70년대 후반 TV 프로의 '말괄량이 삐삐'가 생각납니다.

당시 TV 속의 여주인공은 대부분 가녀리고 예뻤던 것과 달리 '말괄량이 삐삐'는 빨간 머리를 두 갈래로 묶었고 토끼 이빨에 주근깨투성이 얼굴과 깡마른 모습인데 전체적으로 우스꽝스러운 외모지만 쾌활한 성격의 소녀였지요.

그래서 참나리를 보면 그 주근깨 소녀가 유쾌하고 상쾌하고 통쾌까지 한 삐삐의 극 중 활약이 아직도 또렷하게 떠오릅니다.

참나리 꽃잎의 '점'을 보면서 하나 더 생각나는 것은, 어떤 부정적인 것에 '점'을 찍으면 긍정의 힘을 준다는 것입니다.

사람의 인생마저 괴롭히는 '고질병'에 점 하나 찍으면 '고칠병'이 됩니다.

우리의 현재는 물론 미래까지 검게 짓누르는 '빚'에 점 하나를 찍어보면 우리의 앞날을 하얗게 밝혀주는 '빛'이 됩니다.

연약하고 작은 마음(心)에 굳건하고 당당한 신념의 막대기 하나만 꽂으면 무엇이든 반드시(必) 할 수 있다는 힘을 줍니다.

우리가 시도해 보지도 않고 불가능(Impossible)하다고 여기는 일이라도 점 하나를 찍으면, 우리는 할 수 있습니다. (I'm possible)

꿈은 어디에도 없다(Dream is nowhere)고 생각되는 인생이라도 스페이스 바 한 번의 띄어쓰기만으로 꿈은 바로 여기에 있다(Dream is now here)고 말할 수 있는 인생으로 바뀝니다.

부정을 긍정으로, 절망을 희망으로 바뀌는 하나의 점이나 띄어쓰기는 바로 우리에게 필요한 것입니다. 점 하나가, 띄어쓰기 한 번이 부정을 긍정으로, 불가능한 것을 한순간에 가능한 것으로 만들 힘을 우리에게 주게 됩니다.

지난 1학기를 뒤돌아보면서 우리가 해왔던 교육 활동 중 어디에 긍정의 힘을 주는 '점'을 찍을까? 어느 부분에서 그런 '띄어쓰기'를 할까를 고민하면서 찾아보는 시간이 되었으면 좋겠습니다.

2019. 7. 20.

거듭나기

2019학년도를 마무리하는 12월 입니다. 지난 6월에 덩굴식물의 사진을 보여드리면서 葛藤에 대해서 말씀드렸는데, 1년 동안 크고 작은 갈등 속에서 지내온 선생님들에게 이 시를 소개하고 싶었습니다.

벌레 먹은 나뭇잎
이생진

나뭇잎이 벌레 먹어서 예쁘다 / 귀족의 손처럼 상처 하나 없이 매끈한 것은 / 어쩐지 베풀 줄 모르는 / 손 같아서 밉다

떡갈나무 잎에 벌레 구멍이 뚫려서 / 그 구멍으로 하늘이 보이는 것은 예쁘다 / 상처가 나서 예쁘다는 것은 / 잘못인 줄 안다.

그러나 남을 먹여가며 / 살았다는 흔적은 / 별처럼 아름답다

정신적으로나 육체적으로 해로운 자극이 가해졌을 때 몸과 마음에 나타나는 반응과 감정적 불편함을 스트레스라고 하는

데, 그것을 풀지 못하고 참기만 하면 화병이 된다고도 하지요. 음식물 찌꺼기를 오래 내버려 두면 악취가 나듯이 말입니다.

요즘 회복탄력성이란 말을 많이 쓰고 있지요. 회복탄력성이란 자신에게 닥치는 온갖 역경과 어려움을 오히려 도약의 발판으로 삼는 힘으로, 다시 튀어 오르거나 원래 상태로 되돌아온다는 뜻과 정신적 저항력 그리고 변화하는 환경에 적응하고 그 환경을 자신에게 유리한 방향으로 이용하는 인간의 총체적 능력이란 뜻이지요.

이제 선생님들은 겨울방학 동안 회복탄력성으로 더 단단해진 선생님으로 되돌아와야 하는 저력을 발휘해야 할 때입니다. 그런 의미에서 제가 마지막으로 소개할 꽃인 '백일홍'을 소개하겠습니다.

'백일홍'이라고 하면, 보통은 나무가 아닌 국화과 초본 꽃을 말하는데 나무백일홍은 이것과 구별하기 위해서 이명으로 '목백일홍' 또는 '배롱나무'라고 불리기도 합니다.

'배롱나무'라는 이름은 '백일홍나무'에서 나왔는데, 백일홍나

무 → 배ㄹ옹('ㄱ', 'ㅎ' 연음 탈락 현상)나무 → 배롱나무로 바꿰었지요.

백일홍은 꽃이 100일 가까이 오랫동안 붉게 핀다는 의미지요. 7월부터 9월까지 여름을 책임지는 배롱나무는 꽃이 100일 동안 피어 있는 것이 아니고, 꽃 하나하나가 끊임없이 피고 져서 마치 계속 피어 있는 듯 보이는 것이지요.

또 배롱나무는 '간지럼타는 나무' 제주어로는 '조금타는 낭'이라는 별명을 가지고 있는데, 나무껍질이 없는 것 같이 매끈해서 굵은 줄기를 살살 문지르면 가지 끝에 달린 꽃이 한들한들 흔들리는데 이 모습이 간지럼을 타는 것처럼 보인다 해서 붙여진 별명이지요. 이런 배롱나무를 노래한 시를 소개하지요.

목백일홍
도종환

피어서 열흘 아름다운 꽃이 없고 / 살면서 끝없이 사랑받는 사람 없다고 /
사람들은 그렇게 말을 하는데 / 한여름부터 초가을까지 / 석

달 열흘을 피어 있는 꽃도 있고 / 살면서 늘 사랑스러운 사람
도 없는 게 아니어

함께 있다 돌아서면 / 돌아서며 다시 그리워지는 꽃 같은 사람
없는 게 아니어 / 가만히 들여다보니

한 꽃이 백일을 아름답게 피어 있는 게 아니다 / 수 없는 꽃이
지고 다시 피고 / 떨어지면 또 꽃봉오릴 피워올려 / 목백일홍
나무는 환한 것이다 /
꽃은 져도 나무는 여전히 꽃으로 아름다운 것이다

제 안에 소리 없이 꽃잎 시들어가는 걸 알면서 / 온몸 다해 다
시 꽃을 피워내며 / 아무도 모르게 거듭나고 거듭나는 것이다

　시인은, 먼저 핀 꽃이 시들 때면 온몸을 다해 다시 꽃을 피워
내는 목백일홍의 생태를 정확하게 알고 이를 '거듭나기'로 표현
했는데 끊이지 않는 열정과 식지 않는 사랑을 우리에게 말하고
있지요.

　이번 겨울방학을 통해서 더 단단하고 아름답게 피어나서 새
학년도를 맞이하는 선생님들이 되시기 바랍니다.
2019. 12. 31.

2019학년도 졸업식 회고사

지난해 졸업식에서 회고사란 '지난 일을 돌이켜 생각하여 하는 말'이라고 하였지요. 그래서 내가 오늘 졸업생들에게 지난 3년 동안 무슨 메시지를 전했는가에 대해서 잠시 돌아가 보겠습니다.

먼저 가장 최근에는 지난 5월과 11월에 '화장에 대하여' 얘기했지요. 가짜 금에는 도금하지만 진짜 금에는 도금하지 않는다고 하면서 '젊음이 가장 귀하고 아름다운 금이다'라고 했습니다. 그리고 외연과 내연을 함께 가꾸는 것은 가장 이상적이지만, 우리는 내면의 아름다움이 외연의 꽃으로 피어나는 것을 더 멋스럽게 여기라고 하면서, 내면을 가꾸는 데 가장 큰 도움을 주는 것이 바로 '독서 하는 습관이다'라고 했지요.

그러면서 요한 슈트라우스의 '봄의 소리 왈츠' 11월에는 비발디의 사계 중 '가을'이란 클래식 음악을 들려주면서, 독서는 우리를 지혜로운 사람이 되도록 도와주고 좋은 음악과 좋은 그림을 감상하는 것 역시 우리의 정신과 마음을 살찌게 한다고 했던 기억이 납니다.

졸업생들이 2학년 때, 9월에는 '책 속에 보물이 있다'는 제목으로 얘기를 했지요. 책을 읽으면 다양한 지식을 얻게 되고, 생각하는 힘이 길러지고, 직접 경험해 보지 못하는 다양한 사람의 삶을 경험할 수 있게 된다고 하면서 이해인 수녀님의 '책을 읽는 기쁨'이란 시의 일부를 소개했었지요.

책을 읽는 기쁨
이해인

좋은 책에서는 좋은 향기가 나고 / 좋은 책을 읽는 사람에게도
그 향기가 스며들어 / 옆 사람까지도 행복하게 한다..
…중간 생략 …
책에서 우연히 마주친 어느 한 구절로 / 내 삶의 태도가
예전과 달라질 수 있음을 / 늘 새롭게 기대하며 살자.

이런 기대로, '씨를 뿌리고 / 거름을 주고 / 매일매일 / 정성으로 보살피듯 책 읽기를 / 습관처럼 하면 교실에서는 사대부중의 보물들이 자라난다'고 했던 기억이 납니다.

여러분들이 1학년 때 6월에는 아름다움에 관해서 얘기했는데 기억이 날까요?

"아름다움이란 특별한 것도, 특정한 곳에 있는 것도 아니다. 길가에 구르는 볼품없는 돌멩이나 이름 모를 야생화들을 곱게 보려는 눈과 마음 그 자체가 바로 아름다움인 것이다"라고 했지요.

결국 아름다움이란 어떤 사물을 아름답게 보려는 자기 자신의 마음이라는 것이라고 하면서 학교에 피는 꽃 사진을 보여주었는데 자주 보고 오래 보고 이름을 알고 관심을 가질수록 더 아름답게 보인다고 하면서 나태주 님의 〈풀꽃〉이란 시를 소개했지요.

풀꽃
나태주

오래 보아야 예쁘다 / 자세히 보아야 사랑스럽다 / 너도 그렇다

저와 3년을 함께한 졸업생 여러분!

우리 학교 교육 비전이 '더불어 행복한 꿈을 그리는 제주사대부중'이지요? 여러분들이 지난 3년 동안 어느 정도의 행복한 꿈을 더불어 그렸는지 궁금한데요, 꿈에 대해서 다시 자신에게 물어보세요.

"나의 꿈은 무엇인가? 나는 어떻게 꿈을 이룰 것인가? 나는 왜 그 꿈을 이루려고 하는가?" 이것에 대한 가치관이 확실하게 서 있어야 하겠습니다.

이렇게 꿈에 대한 가치관이 정립된 이후에, 그 꿈을 이루는 방법에 대해서 Greg S. Reid는 다음과 같은 말을 했습니다. "꿈을 날짜와 함께 적어놓으면 목표가 되고, 목표를 잘게 나누면 계획이 된다. 그 계획을 실행에 옮기면 꿈이 현실이 된다."라고 했습니다.

졸업생 여러분들은 고등학교에 진학하면 우리 학교에서 더불어 그린 행복한 꿈을 이루기 위한 계획을 차근차근 실행에 옮겨서 꼭 꿈을 실현하는 사대부중 졸업생이 되기를 기원하면서, 마지막으로 아주 짧은 시 한 편을 소개하겠습니다.

풀꽃Ⅲ
나태주

기죽지 말고 살아봐 / 꽃 피워봐 / 참 좋아

끝으로 졸업은 새로운 출발을 의미하지요. 멋진 새 출발을 축하하는 의미에서 여러분들이 사대부중 입학식 때 들려주었던 김동률의 노래 '출발'을 오늘 졸업식에서 다시 들으면서 회고사를 마칩니다.

2020. 1. 31.